하나님을 위한 예술

Originally published in English under the title

Art for God's Sake

by Philip Graham Ryken

ⓒ 2006 by Philip Graham Ryken

Published by P&R Publishing Company
1102 Marble Road, P. O. Box 817, Phillipsburg, New Jersey, 08865, U.S.A.

All rights reserved.

This Korean Edition ⓒ 2021 by Kyujang Publishing Company

하나님을
위한

ART for GOD'S SAKE

예술

필립 그레이엄 라이큰 지음

곽수광 옮김

규장

최고의 예술가가 지으신
예술과 예술가들

1996년 겨울, 나는 마코토 후지무라(Makoto Fujimura)의 회화 작품을 보기 위해 뉴욕으로 향했습니다. 전시회의 제목은 '은혜의 이미지들'(Images of Grace)이었고, 나는 그 전시회장에서 눈부신 황홀감을 느꼈습니다. 마코토 후지무라는 종이 위에 다양한 광물질 안료를 더해 그리는 일본의 전통 회화 기법, 니혼가(Nihonga)을 익힌 장인(匠人)입니다. 또한 그는 그 기법을 서양의 추상화와 접목시켰습니다.

최고의 예술이 하는 일
니혼가(Nihonga)의 결과물들은 정말 놀라웠습니다. 광물질 안료는 마코토 후지무라의 그림이 찬란하게 빛나도록 색감의 깊이를 더했으며, 전시장을 거니는 동안 나는 그 그림들이 갖는 초월적 아름다움에 마음을 온 통 빼앗겼습니다. 그의 예술 작품들은 아름다울 뿐 아니라 깊은 의미까지 담아냈는데, 특별히 그림에 사용된 광물질 안료가 가지는 상징적 가치 때문이었습니다. 예를 들어 황금은 영원한 초월을 상징하고, 세월에 변색된 은은 인간의 삶이 지닌 가치와 변덕스러움을 상징했습니다.

후지무라는 이런 전통적 상징성을 사용하여 자신의 기독교 신앙을 명확히 표현하고 있었습니다. '은혜의 이미지들'이라는 전시회 제목이 보여주듯이 이 특별한 전시회에 출품된 그림들은 하나같이 하나님의 은혜를 나타내는 작품들이었습니다. 창조 세계에 나타난 하나님의 보편적 은혜, 도시를 향한 대속적 은혜, 낙망한 영혼들을 향한 치유의 은혜, 그리고 죄인들을 향한 희생적 은혜를 보여주었습니다. [#1]

그의 작품들은 예술이 최고점에 도달했을 때 예술이 하는 일을 잘 보여줍니다. 하나님께서 자신의 영광을 위해 만드신 이 세계에 대한 가장 영적이고 지적이며 감성적인 진리들을 보여주며, 동시에 아름다움을 향한 우리의 깊은 갈망을 만족시킵니다. 따라서 최고의 예술가들이 사람들에게 칭송받는 것은 그리 놀랄 일이 아닙니다.

예술가가 겪는 고충

그러나 예술의 영역에는 좀 더 어려운, 다른 측면이 있습니다. 화가나 시인이나 음악가 또는 어떤 분야든지 한 분야의 예술가가 된다는 것은 쉬운 일이 아닙니다. 모든 직업적 소명에는 각각의 독특한 어려움과 역경이 있지만, 예술가의 삶은 특별히 더 어려워 보입니다. 디자인이나 곡을 창작하고 표현을 구체화하고 완벽하게 다듬는 예술 행위 자체도 어려운 일입니다.

예술 작품을 만들기 위해 치러야 할 값비싼 비용도 있습니다. 그런데 그렇게 힘들게 만들어 낸 예술 작품들이 때로는 저평가되기도 합니다. 사람들이 그 작품의 메시지를 제대로 파악하지 못할 수도 있고, 예술가적 기교에 대해 달가워하지 않을 수도 있습니다. 예술가가 된다는 것은 종종 사람들에게 제대로 이해받지 못하는 사람이 된다는 뜻이기도 합니다.

피할 수 없는 또 하나의 진실은 많은 예술가가 제대로 된 대우를 받지 못한다는 것입니다. 또 그중에 성공한 예술가라고 할지라도 때때로 찾아오는 소외감이나 무력감이 있습니다. 초월적 아름다움을 다 표현해내지 못하는 데서 오는 좌절감 또는 인류의 고통에 공감하느라 찾아오는 무거운 슬픔과도 싸워야 합니다. 이런 것들이 예술가라면 반드시 견뎌내야 하는 고난입니다.

더욱이 크리스천 예술가들은 더 어려운 일을 마주하게 됩니다. 어떤 교회들은 예술을 하나님을 섬기는 진지한 방법으로 여기지 않습니다. 예술 영역에 있는 기독교인들이 믿음 안에서 정당한 소명을 받았다는 사실을 부정하는 교회들도 있습니다. 또 어떤 교회들은 예술가들을 지지하기보다는 의심의 눈초리로 바라봅니다. 결과적으로 크리스천 예술가들은 그들의 존재를 스스로 정당화해야 할 필요를 종종 느끼게 됩니다.

창조의 열망을 품은 이들에게

이러한 보편적인 긴장은 한 기독교 대학의 학생신문에 실린 기사에서도 잘 드러납니다. 그 기사는 자기 소명이 뚜렷한 한 학생의 이야기를 다루고 있습니다.

"하나님은 나를 예술가로 지으셨다. 그분께서 나에게 이 재능을 주셨다. …그것이 하나님과 그분의 세상과 구원의 메시지에 대한 나의 반응이다. 당신이 아주 놀라운 것을 본다면 당신도 함께하고 싶을 것이다."

그러나 불행하게도 이 예술가가 알게 된 것은, 모든 사람이 여기에 동참하기를 원하는 건 아니라는 사실이다.

"2학년을 마칠 때쯤 그녀는 부르심에 대한 동료들의 무관심에 신물이 났다. 예술은 시간 낭비라든지, 게으름뱅이나 괴짜들이 노는 물이라는 말에 넌더리가 났다."

그 학생 예술가는 자신의 일기에 이렇게 썼다.

"나는 스스로 방어하고 변명해야 한다고 느끼는데… 그것은 정말 끔찍한 일이다. 나는 하나님의 자녀이다. 하나님은 나를 다른 방식으로 세상을 바라보도록 지으

셨다. 그분은 나에게 무언가 창조하고픈 욕구를 주셨다."#2

복음은 이 같은 창조의 열망을 품은 이들에게 과연 어떤 희망을 줄 수 있을까요?

Contents

1

예술과
교회

ART and THE CHURCH

A R T   for
G O D ' S
S A K E

예술의 오용

교회가 왜 예술에 대해 부정적인 시각을 갖게 되었는지 설명할 근거는 많이 있습니다. 예술은 이미지를 사용하고, 이미지는 쉽게 우상화될 수 있습니다. 그리고 예술가들은 그들의 경험을 통해 이 사실을 알고 있습니다. 그들은 예술 작업을 하는 가운데 사물의 근본 안에 있는 하나님의 영광과 만나게 되고, 압도하는 영광의 힘을 느끼게 됩니다. 하지만 그 위험성이 가장 예민하게 드러난 시기는 공예배를 위해 미술품이 교회로 들어왔을 때입니다.

교회 역사상 다양한 시기(8세기 성상파괴운동이나 유럽의 종교개혁)에 교회 지도자들은 조각상이나 다른 예술품들을 교회 밖으로 끌어내 파괴해버림으로써 이런 형태의 우상숭배를 무너뜨리려고 노력했습니다. 다시 말해, 교회 지도자들은 예술품의 사용을 반대한 것이 아니라 예술이 오용되는 것에 반대한 것입니다. 그러나 일부 그리스도인들은 이 둘의 차이점을 이해하지 못했습니다. 그래서 시각 예술에 쏟아지는 의심은 좀처럼 사라지지 않았습니다.

다른 형태의 예술은 또 다른 이유로 의혹을 받았습니다. 그리스도인은 대부분 공예배에서 음악의 가치를 인정합니다. 하지만 음악이 비본질적 오락으로 여겨지는 다른 장소에서의 음악적 가치에 대해서는 회의적이기도 합니다. 공연장은 비도덕적이라는 불미스러운 평가를 받았고, 할리우드의 타락과 연관성이 의심되는 영화관도 마찬가지였습니다. 하지만 교회에서 그다지 반대가 심하지 않은 시문학 형태의 예술도 있습니다.

종종 교회의 반감은 예술에 대한 근본적인 무지를 드러내기도 합니다. 그런데 때로는 그 의심이 정당화될 때도 있습니다. 예술이란 언제나 자기에게 영광을 돌리려는 유혹이 있고, 거의 모든 형태의 예술이 성경에 반하는 가치를 전하는 데 사용되어왔습니다. 예술 또한 인간 존재의 다른 측면과 마찬가지로 타락해 있습니다. 이 타락은 예술이 원래의 목적을 성취하는 것을 방해하고,

우리가 예술을 비판 없이 포용하는 것을 막습니다.

거룩한 아름다움을 잃은 예술계

최근 들어, 대다수 그리스도인은 예술이 반기독교적 세계관에 점령당했다는 이유로 예술을 반대합니다. 대다수 그리스도인이 바르게 인식하는 것처럼 지난 세기 혹은 그보다 오랜 기간, 수많은 예술가들, 작가들과 음악가들은 진리를 알 가능성에 대해 냉소적인 입장이었습니다. 많은 경우, 그들은 초월적 의미를 발견하고 표현하는 것에 대한 탐구를 포기했습니다. 또한 수많은 현대 예술가들이 부조리와 불합리, 심지어 잔혹함에 매료되는 동안 예술은 거룩한 아름다움을 잃어갔습니다.

스튜어트 맥앨리스터(Stuart McAllister)가 다음과 같이 지적한 것은 정당합니다.

우리의 예술가들과 문화 건축가들의 에너지와 노력이 한때는 선하고 아름답고 존경받던 것들을 뒤집고 와해

시키고 해체하여 얄팍하고 추하고 덧없는 것들로 대체하는 일에 쓰였다. #1

여러 측면에서 예술계는 미국의 비평가 수지 개블릭(Suzi Gablik)의 말처럼 '지옥의 외곽'(suburb of hell)이 되었습니다. 때때로 만연한 불행이 눈에 선합니다. 이 말을 의심하는 사람이 있다면 미국의 어느 예술학교든지 졸업반 학생들의 전시회에 가보십시오. 아니면 최근에 '터너상'(Turner Prize, 영국 최고 권위의 현대 미술상)을 수상한 작가들의 파괴적인 작품을 보면 됩니다. #2

그것도 아니라면 1950년대 이후에 쓰인 불협화음으로 작곡된 곡들을 연주하며 청중을 끌어모으는 데 애를 먹고 있는 관현악단을 한번 떠올려보십시오. 물론 예외는 있지만 현대 미술의 상당 부분은 소외의 예술입니다. 그것이 조금이라도 진실하다면 오직 우리의 타락으로 훼손된 세상의 무질서에 대해서만 그렇습니다.

하나님께서는 관습을 허무는 예술을 통해 양심을 일깨우실 수도 있고, 더 나은 세상을 향한 갈망을 불러일

으키실 수도 있습니다. 그러나 일반적으로 일탈적인 예술 작품들은 비록 타락한 상태일망정 하나님이 찾아오시고 하나님의 영광을 위해 계획된 이 세상의 구속적(救贖的) 가능성을 보여주고 있지 않습니다.

하나님을 위한 예술, 그 성경적 이해

그렇지만 예술을 무시하는 그리스도인이라고 할지라도 어디선가 예술을 사용하고 있으며, 예술을 피할 수 없습니다. 우리가 예배당을 지을 때나 집안에 가구를 배치하거나 책자를 만들 때마다 우리는 예술적 결정들을 해야만 하기 때문입니다. 비록 우리의 첫 번째 부르심이 예술가가 아니라 할지라도 우리는 일상에서 예술적 측면을 쉽게 경험합니다.

그렇기 때문에 우리의 질문은 "크리스천으로서 더 높은 수준의 심미적 기준을 열망합니까?"가 되는 것입니다. 그러나 우리는 종종 실용적이기는 하지만 아름답지 못한 수준에 안주합니다. 예술적으로 탁월한 영속적 가치는 그다지 고려하지 않은 채 친숙하고 대중적이고 상업적인 것들에 이끌립니다. 가끔 우리가 만들어내는 것들은 질 낮은 취향에 호소하는 싸구려 예술품을 뜻하는 '키치'(kitsch)로밖에 달리 표현할 길이 없습니다.

일반적으로 이런 종류의 예술은 하나님의 성품 안에 있는 진리와 아름다움을 갖고 있지 않기 때문에 하나님의 명예를 실추시킵니다. 또한 그리스도 안에 있는 구원의 메시지인 복음을 깎아내리기도 합니다. 예술은 문화를 형성하는 엄청난 힘을 가지고 있고, 사람들의 마음을 울리는 힘이 있습니다. 그 산물이 다가오는 세대의 사상과 욕망을 구체화하고 있습니다.

다시 말해, 오늘날 예술계에서 일어나는 일들이 내일 우리의 문화 가운데 일어날 일을 예언한다는 뜻입니다. 이것은 그리스도인들이 예술계를 포기한다면 우리가 문화를 통해 그리스도를 전달할 수 있는 소중한 기회를 잃게 된다는 뜻이기도 합니다. 한 걸음 더 나아가 우리가 예배와 예술 영역에서 진리의 시시한 표현에 만족해 버릴 경우 초월성을 상실하고 쇠퇴할 것입니다.

그래서 지금 우리가 회복해야 할 것은, 아니 어쩌면 처음으로 우리는 예술 자체를 위해서가 아니라 '하나님을 위한 예술'에 대해 풍부한 성경적 이해를 가져야 합니다. 그럴 때 비로소 우리는 더 효과적으로 하나님과 그분의 은혜를 나타낼 수 있는 예술을 창조할 수 있을 것입니다. 이 목표는 예술가뿐만 아니라 하나님의 형상으로 지어지고 하나님의 구원이 필요한 모든 사람에게 중요합니다.

2

예술가의
부르심

THE ARTIST'S CALLING

ART for
GOD'S
SAKE

예술에 대한 성경의 원리

내가 이 책을 쓴 이유는 두 가지입니다. 하나는 크리스천 예술가들이 자신의 소명을 추구하도록 격려하기 위해서이며, 다른 하나는 예술가든 예술가가 아니든 상관없이 예술에 대해 기독교적으로 사고할 수 있도록 돕는 입문서를 제공하기 위해서입니다. [#1] 이런 사고를 할 수 있는 근거는 예술의 가치를 긍정하는 동시에 그 예술을 죄로 인한 타락의 여파로부터 보호해주는 성경 때문입니다.

예술에 대한 성경적 관점을 보여주는 좋은 대목은 하나님께서 브살렐과 오홀리압 두 사람을 예술가로 부르시는 출애굽기 31장입니다. 비록 이 두 사람이 시각 예술의 영역에서 일했지만, 그들의 예가 다른 예술 영역에서도 폭넓게 적용될 수 있을 것입니다. 동시에 하나님께서 이 두 사람에게 아주 독특한 소명을 주셨음을 인정해야 합니다. 물론 그들이 경험한 모든 것이 기독교 예술에 규범이라는 것은 아닙니다.

출애굽기 31장은 예술에 대한 기독교 신학의 네 가지 원리를 가르치고 있습니다.

첫째, 예술가로서 부르심과 재능은 하나님으로부터 오는 것이다.

둘째, 하나님은 모든 종류의 예술을 사랑하신다.

셋째, 하나님은 선함과 진리와 아름다움에 대한 높은 기준을 갖고 계신다.

넷째, 예술은 하나님의 영광을 위한 것이다.

우리가 이 원리를 완전히 이해하려면 이 원리들이 하나님의 성품에 대해 뭐라고 말하는지 살펴봐야 합니다. 또한 하나님께서 예수 그리스도의 십자가와 부활 가운데 펼쳐 보이신 예술성에 대해 어떻게 말씀하시는지 살펴볼 필요가 있습니다.

브살렐과 오홀리압을 예술가로 부르심

출애굽기 31장은 하나님께서 두 사람을 그분의 공식적인 예술가들로 부르시고, 하나님의 소명을 이루는 데 필요한 재능을 허락하시는 이야기로 시작됩니다.

> 여호와께서 모세에게 말씀하여 이르시되 내가 유다 지파 훌의 손자요 우리의 아들인 브살렐을 지명하여 부르고 하나님의 영을 그에게 충만하게 하여 지혜와 총명과 지식과 여러 가지 재주로… 출 31:1-3

> 내가 또 단 지파 아히사막의 아들 오홀리압을 세워 그와 함께 하게 하며 지혜로운 마음이 있는 모든 자에게 내가 지혜를 주어 그들이 내가 네게 명령한 것을 다 만들게 할지니
> **출 31:6**

바로 이 지점에서 하나님은 성막과 그 안에 들어갈 모든 것들을 제작할 완벽한 지침을 주십니다. 이 성막은 이름 그대로 하나님께서 하늘에서 거하시는 성소를

이 땅에 보여주는 곳으로 디자인된 것입니다. 그 성소를 구현하기 위해서는 어마어마한 양의 작업이 이루어져야 했습니다. 재목 만들기, 건축, 기구 제작, 거푸집 주조, 바느질, 금속가공, 석공, 판화 등의 일이었습니다.

더 나아가 하나님께서는 이 일들이 매우 정교하게 이루어져야 한다고 지시하셨습니다(출 26:1, 28:3). 비록 모세가 이 모든 것을 받아적었지만, 이것은 모세의 일이 아니며 모세의 은사도 아니었습니다. 모세는 선지자였고, 성막을 짓는 데는 예술가들이 필요했습니다. 성막의 거룩한 기능을 충족하기 위해 하나님의 성소는 최고의 예술가들이 지어야 했고, 가장 좋은 재료를 사용해야 했습니다.

그래서 하나님께서는 그분의 거룩한 예술가로 최고의 장인 브살렐과 그의 수석 조수로 오홀리압을 부르셨습니다. 이 두 사람은 동료 예술가들로 구성된 배심원들에 의해 선택된 것이 아니라 하나님의 주권적이고 예정된 섭리로 지목된 것입니다.

성경은 이 두 사람이 그 이름대로 지명되었다고 밝힙

니다(출 31:2,6). 브살렐과 오홀리압은 이 일을 위하여 하나님께서 지명하고 선택하신 사람들이었습니다. 예술가로서의 소명이 너무나 거룩했기에 그들의 이름은 후세에 남았습니다. '브살렐'이라는 이름에는 "하나님의 그늘"이라는 뜻이 있습니다. 이 이름은 하나님이 그의 예술에 후견인이 되어주시고, 거룩한 인도하심 아래 하늘의 양식을 따라 일하는 예술가에게 딱 맞는 이름이라고 할 수 있습니다. [2]

'오홀리압'이라는 이름은 "나의 장막은 아버지 하나님이시다"라는 뜻입니다. [3] 오홀리압의 책무는 이 땅 위에 하나님이 거하실 처소를 만드는 것이었고, 또한 그의 이름이 뜻하는 진리는 '성막'이라 불리는 곳이 하나님께서 자신의 백성들을 위한 피난처가 되어주심을 보여줍니다.

지혜와 총명과 지식의 은사

브살렐과 오홀리압은 하나님께 부르심을 받았을 뿐만

아니라 은사도 선물로 받았습니다. 하나님께서는 특별히 브살렐에게 그가 모든 종류의 예술 작업을 할 수 있도록 "지혜와 총명과 지식"(출 31:3, 영어성경(NIV)에는 skill, ability and knowledge)을 주셨습니다.

여러 학자가 이 용어들을 다른 방식으로 정의했습니다. 종교학 교육자 존 더럼(John Durham)은 이렇게 말했습니다.

브살렐은 자신에게 맡겨진 과제를 수행하기 위해 천부적으로 타고난 사람이었다. 타고난 능력에 성령 충만함과 더불어 세 가지 자질이 더해졌기 때문이다.

그 세 가지 자질 중 첫 번째는 '지혜'(wisdom)이다. 야훼의 지침을 충족하기 위해 무엇이 필요한지를 이해하는 은사이다. 둘째, '분별력'(discernment)은 복잡한 물건과 재료들을 만드는 데 불가피하게 발생하는 문제를 해결하는 능력이다. 셋째, '기량'(skill)은 노동 자체를 지도하고 완수해내는 숙련된 손이라고 할 수 있다. #4

진 에드워드 비스(Gene Edward Veith) 교수는 이 구절에 쓰인 용어를 조금 다르게 설명합니다.

'기량'(skill)은 하나님이 주신 선물로 설명되고, 예술가들의 타고난 재능을 나타내는 것이어야 한다. '지성'(intelligence, 총명)이란, 예술적 영감에 지성이 없거나 반지성적으로 간주하는 최근의 사조와는 대조적으로, 진정한 예술가는 손으로만 일하는 것이 아니라 지성으로 일해야 한다는 것을 강조한다.
예술을 위한 은사로서의 '지식'(knowledge)은 예술가들이 재료의 속성에서부터 예술이 전달할 수 있는 아이디어에 이르기까지 모든 것을 알아야 한다는 것을 의미한다. '솜씨'(craftsmanship)는 어떤 작품이 형편없는지 훌륭한지를 가리는 예술가의 정교한 기술을 나타내는 말이다. #5

그는 한 걸음 더 나아가 이러한 용어들이 어떤 예술 작품이라도 평가할 수 있는 기준으로 사용될 수 있다고 강조한다.

그 기준이란 예술 작품이 모범이 될 만한지, 아니면 많
이 부족한지를 기량, 지성, 지식 또는 솜씨 등으로 살펴
보는 것이다. #6

그렇지만 이러한 용어들이 어떻게 정의되는지 상관없
이 이 용어들은 예술가들에게는 실제 기량뿐 아니라 영
적인 영감(통찰력) 또한 필요하다는 것을 보여줍니다. 종
합해보면 지혜(skill)와 총명(ability)과 지식(knowledge)은
예술가가 그의 손으로 만드는 것과 같이 그의 머리로
생각하고 그의 마음으로 느끼면서 일해야 한다는 것을
나타냅니다. 브살렐과 오홀리압이 행한 예술적 작업은
그들의 전인격으로부터 나오는 것이었습니다.

하나님의 창조 예술
이 두 사람이 작업하기 위해 사용한 재료들처럼 그들의

예술적 재능 또한 다 하나님에게서 온 것이었습니다. 더 구체적으로 말하면, 그 재능들은 성령 하나님으로부터 온 것들입니다. 짐작하건대 브살렐과 오홀리압은 이미 수공예에 어느 정도 타고난 재능이 있었을 것입니다. 그러나 그들은 특별한 사명을 부여받았고, 그 사명과 함께 특별한 은사도 받았습니다. 하나님의 거룩한 성막을 짓도록 부름을 받았고, 그 일을 잘 해내도록 성령 충만함을 받았다는 말의 의미대로 영감을 부여받은 것입니다.

이러한 언어들이 성경에서 처음으로 쓰였고, 예술에 대해 매우 중요한 것들을 우리에게 가르쳐주고 있습니다. 사실 창조주 하나님이 원하셨다면 브살렐이나 오홀리압 또는 그 누구도 사용하지 않고 홀로 성막을 다 지으실 수 있었을 것입니다. 하지만 하나님께서는 성막을 짓도록 예술가들을 부르셨고, 그들이 그 일을 잘 해낼 수 있도록 모든 종류의 예술적 재능들을 준비해주셨습니다. 그렇게 함으로써 하나님은 그분의 승인이라는 축복을 예술가와 예술에 다 내려주십니다.

이렇게 예술가들을 부르시는 것은 하나님의 성품에 대한 깊은 진리를 보여줍니다. 즉, 하나님 자신이 최고의 예술가시라는 것입니다. 우리가 이 사실을 확실히 아는 것은 하나님이 성경에서 행하신 첫 번째 행위가 바로 창조적인 예술 작품을 만드는 것이었기 때문입니다.

태초에 하나님이 천지를 창조하시니라 **창 1:1**

하나님께서는 이러한 창조 행위를 매우 예술적이고 상상력이 가득한 방법으로 하셨습니다. 첫 번째로 하나님은 자신의 작품을 위한 재료들을 모으셨는데, 이 때는 기적적으로 무(無)로부터 만드셨습니다. 그다음에는 혼돈하고 공허했던 곳에 구조와 형태를 만드셨습니다 (창 1:2). 6일간의 창조 과정을 통해 우주에 필요한 기본 요소들을 배열하셨습니다. 그러고 나서 화가가 스케치 위에 수채화 물감을 덧입히듯이, 혹은 작곡가가 주제 선율을 다양하게 변주하듯이 하나님께서는 피조 세계의 형태들을 만들어 가시며 그 내용을 채워 나가셨습니

다. 물은 다양한 바다 생물로, 하늘은 새들로, 땅은 온
갖 야생 동물로 채우셨습니다.

마지막으로 하나님께서는 그분이 만드신 모든 것에
대한 예술적 판단을 내리십니다. 이 모든 피조물이 그분
의 신적 미학의 기준에 합당하다고 선포하신 것입니다.

하나님이 지으신 그 모든 것을 보시니 보시기에 심히 좋았더
라 **창 1:31**

이런 주요 맥락 안에서 성경은 하나님께서 자기 형상
곧 하나님의 형상대로 사람을 창조하셨다고 말합니다
(창 1:27). 그러면 사람이 하나님의 형상을 따라 창조되
었다는 것은 무엇을 의미할까요?

하나님과 인간의 공통점
영국의 작가이자 기독교 사상가인 도로시 세이어즈
(Dorothy Sayers)는 다음 질문을 통해 하나님의 형상대로

사람을 창조하신 것에 대한 명확한 연결점을 찾고자 합니다.

영혼 불멸, 이성, 양심, 자유의지 또는 무엇이 인간에게 이런 놀라운 특별함이 있다는 주장을 뒷받침하는 것일까? 인간의 복잡한 본성 안에 존재하는 모든 요소가 논거로 제시될 수 있을 것이다. 그렇다면 창세기 저자가 이 구절을 쓸 때 그의 마음에 어떤 특별한 생각이 있었을까?

이 창세기 본문을 잘 관찰해보면 인간에 대해 서술하는 동안 하나님에 대한 어떤 정보도 제공되지 않는다는 것을 발견하게 된다. 그분은 인간을 바라보면서 본질적으로 거룩한 무언가를 보시지만, 우리는 하나님의 형상이 나타난 말씀을 살펴보면서 단 한 가지 주장만을 발견하게 된다. "하나님께서 창조하셨다." 하나님과 인간의 공통점은 명백히 무언가를 창조하고자 하는 갈망과 능력이라고 할 수 있다. #7

세이어즈는 창조성이 유일한 것은 아니더라도 사람들 안에 하나님의 형상을 바라보는 견고한 성경적 기초가 있다고 보았습니다. 창세기를 여는 첫 장이 하나님을 창조적인 예술가로 묘사하고 있다는 것은 하나님의 형상대로 만드신 인간 또한 예술가가 되리라는 충분한 논리적 근거를 제공합니다. 예술이란 창의적인 활동이며 무언가를 창조하는 행위 안에서 우리를 지으신 분의 마음을 반영합니다.

네덜란드의 신학자 아브라함 카이퍼(Abraham Kuyper)가 말합니다.

하나님 그분처럼 우리도 무언가를 아름답게 창조할 수 있고, 그것을 바라보며 즐거워할 수 있다. #8

이 말은 예술가뿐만 아니라 모든 사람에게 적용되는 진리이지만, 그리스도인에게는 더욱 특별한 의미를 부여합니다. 왜냐하면 우리는 하나님이 우리의 창조주이시자 구원자이심을 알고 믿기 때문입니다. 그래서 우리

는 우리의 삶과 일을 통해 그분의 아름다움과 은혜를
드러내고자 합니다.

성경 속 예술가들

브살렐과 오홀리압 외에 하나님의 집을 지으라는 독특
한 소명과 특별한 은사를 받은 사람은 없습니다. 하지
만 그들의 이야기는 여전히 하나님께서 소명을 위해 우
리를 부르실 때 그 일을 할 수 있도록 준비시켜주신다
는 사실을 상기시켜줍니다. 브살렐도, 오홀리압도 그전
에 성막을 지어본 적이 없었습니다. 그럼에도 하나님께
서는 성막을 짓도록 그들을 부르셨고, 그들을 위해 합
당한 준비를 해주셨습니다.

　이것은 예술가들을 포함해서 하나님을 섬기는 모든
사람에게 적용되는 동일한 진리입니다. 그러므로 하나
님께서 무언가 하도록 우리를 부르실 때는 그 소명을
감당하기 위한 모든 필요를 하나님께서 채워주신다는
사실을 믿어야 합니다.

브살렐과 오홀리압의 이야기는 하나님께서 사람들을 예술가로 부르셨다는 것을 보여줍니다. 성경은 유발이 수금을 타고 퉁소를 부는 모든 사람의 조상이 되었다는 정체성을 부여합니다(창 4:21). 시편 45편은 "내 혀는 글솜씨가 뛰어난 서기관의 붓끝과 같도다"(시 45:1)라는 궁정 시인의 결혼 축시를 기록하고 있습니다.

이러한 성경 속 예술가들의 부르심은 예술가라는 소명에 적법성을 부여합니다. 아주 특별한 방식으로 그들에게 진리였던 것은 보편적인 방식 가운데서도 모든 예술가에게 진리입니다. 예술가들은 하나님의 영광을 위해 글을 쓰고, 그림을 그리고, 노래하고, 연기하고, 춤추기 위해 각자 부르심을 받고 은사를 받았습니다.

부르심에 응답하는 삶

어떻게 누군가가 어떤 형태의 예술이든 전문 예술가로서 부르심을 받았다는 것을 알 수 있습니까? 물론 그는 예술에 대한 열정이 있어야 합니다. 왜냐하면 하나님께서 그분을 섬기도록 우리를 부르실 때 우리 마음이 거룩한 열망으로 차오르게 하시기 때문입니다.

그러나 열정만 가지고는 충분하지 않습니다. 예술계에서 직업인으로 살아남고 잘되기 위해서는 그에게 큰 재능이 있어야 합니다. 예술가들은 성막을 짓는 일에 브살렐과 오홀리압을 돕도록 부름을 받았습니다. 예술가는 하나님으로부터 "지혜를 얻고 와서 그 일을 하려고 마음에 원하는 모든 자"(출 36:2)였다는 것을 마음에 새겨야 합니다.

누가 그런 재능을 가졌는지 분별하는 가장 신뢰할 만한 방법은 전문가의 판단에 맡기는 것입니다. 선한 청지기가 되기 위해 한 가지 또는 그 이상의 순수 예술 분야에 종사하는 크리스천들은 그들의 예술적 재능에 대해 정확한 평가를 받아야 하고, 그에 따라 그들의 능력을 발전시켜 나가야 합니다. 받은 은사와 재능은 반드시 그것을 알아볼 수 있고 자격이 있는 또 다른 사람에게 확인을 받아야 합니다.

확인된 은사와 재능은 어떤 희생이 요구되더라도 반

드시 추구해야만 합니다. 예술가들은 대부분 자신의 실제적인 필요 때문에 예술가로서 훈련을 받는 도중에 매우 어려운 결정에 직면하게 됩니다. 그들은 종종 예술과는 직접적인 관련이 없는 일을 하면서 수입을 충당해야 할 때도 있습니다. 어쩌면 그것도 하나님의 계획 가운데 일부일 수 있습니다.

그러나 진정한 예술가라면 절대로 하지 말아야 할 일이 한 가지 있습니다. 그것은 바로 자신의 부르심을 내려놓는 것입니다. 누군가 예술가로서 부르심을 받았다면 그는 예술가가 되어야 합니다. 하나님의 은사는 절대로 숨기면 안 되고, 그 부르심을 결코 부정해서도 안 됩니다. 그리고 우리가 하는 모든 일처럼 우리의 예술 또한 주 예수의 이름으로 그를 힘입어 하나님 아버지께 감사하며 해야 합니다(골 3:17). 모든 크리스천의 삶과 마찬가지로 예술가의 삶은 하나님의 축복을 구하며 끊임없이 기도하고 매일 하나님의 은혜에 기대는 삶이어야 합니다.

하나님의 섭리 가운데서 예술가가 되기를 소망하는

어떤 사람들은 그들이 바라는 것을 이루지 못할 수도 있습니다. 그 이유는 그들의 실제적인 필요가 채워지지 못해서일 수도 있고, 어쩌면 예술가로서 필요한 탁월함의 기준에 미치지 못하기 때문일 수도 있습니다.

그럴 경우에 중요한 것은 자신의 꿈과 야망이 이루어지지 않은 좌절감에 집중하지 말고, 그들이 예술 분야에 참여할 수 있는 다른 의미 있는 방법이 많다는 것을 인식하는 것이 중요합니다.

예술을 온전히 이해한다면 직업적 예술인의 독특한 부르심뿐만 아니라 다른 형태의 예술적 표현의 가치에 대해서도 인정할 수 있게 됩니다. 우리의 예술 활동을 직업적 소명이 아니라 취미생활로 하게 될지라도 우리는 그 예술적 활동을 큰 기쁨과 강한 목적의식을 가지고 행해야 합니다. 교회는 예술가들의 소명을 확인해주어야 합니다. 뿐만 아니라 모든 이들의 영혼에 있는 예술적 영역에 영양분을 공급해주는 격려의 공동체로서 이러한 예술적 추구를 도울 수 있습니다.

3

모든 종류의
예술

ALL KINDS of ART

ART for
GOD'S
SAKE

예술의 다양성

예술을 위한 기독교 신학의 두 번째 원리는 "하나님은 모든 종류의 예술을 사랑하신다"라는 것입니다. '모든 종류'라고 해서 모든 예술 작품이 다 선하고 경건하다는 뜻은 아닙니다. 하나님은 예술에 대해 아주 높은 기준을 갖고 계십니다. 명백히 하나님은 외설적이거나 선동적이거나 어떤 방식으로든 그분의 성품에 반하는 내용의 작품을 지지할 수 없으시고, 지지하지도 않으십니다. 제 말은 하나님께서 예술적 형태의 폭넓은 다양성을 축복하신다는 것입니다.

하나님께서는 출애굽기 31장에서 브살렐에게 다양한 예술적 재능을 주시며 말씀하십니다.

하나님의 영을 그에게 충만하게 하여 지혜와 총명과 지식과 여러 가지 재주로 정교한 일을 연구하여 금과 은과 놋으로 만들게 하며 보석을 깎아 물리며 여러 가지 기술로 나무를 브살렐은 매우 폭넓은 예술 매체를 사용할 수 있었습니다. 그는 금속공이자 석수였고 여러 기술로 일할 수 있는 재능을 가진 목수였습니다. 오홀리압 역시 다재다능했습니다. 그는 브살렐의 다른 작업을 돕는 일 외에도 "재능이 있어서 조각하며 또 청색 자색 홍색 실과 가는 베 실로 수놓은 자"(출 38:23)였습니다.

예술가들은 대부분 일부 특수한 영역에서만 자신들의 재능을 최고로 발휘하지만, 브살렐과 오홀리압은 미켈란젤로나 모차르트처럼 매우 드물게 여러 분야에서 탁월한 재능을 나타냈습니다. 하나님께서는 그들에게 그런 재능을 부여하시며 예술의 번영을 승인해주셨습니다.

어떤 예술가는 원목을 가지고 작업하는 은사가 있고, 어떤 사람은 종이로 작업하는 은사가 있습니다. 어떤 화가는 유화를, 또 어떤 화가는 수채화를 그립니다. 그림을 그리는 방법도 다양해서 연필이나 잉크 또는 목

탄을 사용해서 그리기도 합니다. 뜨개질에서 마크라메(macrame, 매듭 예술)에 이르기까지 실이나 털실을 가지고 할 수 있는 수많은 작업도 있습니다. 조각도 나무나 진흙, 돌이나 쇠 등 다양한 재료를 사용할 수 있습니다.

그리고 연극이나 댄스와 같은 공연 예술이 있습니다. 공연 예술 또한 하나님의 축복입니다. 물론 성경 안에서 다른 어떤 예술보다 자주 언급되는 음악은 말할 것도 없습니다. 예술적 표현의 다양성은 끝이 없습니다.

하나님은 출애굽기 31장에서 모든 종류의 공예를 축복하심으로써 폭넓은 스펙트럼의 예술적 재능과 은사들을 성화시키십니다. 오늘날 대부분의 예술은 영화 제작(filmmaking)이나 데쿠파주(decoupage, 시나리오를 촬영 대본으로 옮기는 작업)처럼 출애굽기나 성경의 다른 곳에 그 이름이 뚜렷하게 등장하지는 않습니다. 그러나 성경은 하나님께서 다양한 종류의 예술을 축복하신다는 것을 보여줍니다.

예술가들에게 맡겨진 자유

성막은 수없이 많은 부분으로 구성되어 있기 때문에 브살렐과 오홀리압은 다양한 작업을 해야만 했습니다. 이 두 사람과 그들을 돕는 일손들은 많은 것을 제작하기 위해 그들의 다양한 기술을 사용했습니다. 하나님께서는 이렇게 말씀하셨습니다.

내가 또 단 지파 아히사막의 아들 오홀리압을 세워 그와 함께하게 하며 지혜로운 마음이 있는 모든 자에게 내가 지혜를 주어 그들이 내가 네게 명령한 것을 다 만들게 할지니 곧 회막과 증거궤와 그 위의 속죄소와 회막의 모든 기구와 상과 그 기구와 순금 등잔대와 그 모든 기구와 분향단과 번제단과 그 모든 기구와 물두멍과 그 받침과 제사직을 행할 때에 입는 정교하게 짠 의복 곧 제사장 아론의 성의와 그의 아들들의 옷과 관유와 성소의 향기로운 향이라 무릇 내가 네게 명령한 대로 그들이 만들지니라 **출 31:6-11**

이 목록은 성막 안에 무엇이 들어가는지를 요약해서

보여주고 있습니다. 이스라엘의 예술가들은 그 안에 들어갈 모든 예술품을 포함해서 성막을 짓도록 부름을 받았습니다. 하나님께서는 성경 한 장 전체를 무엇을 만들어야 하고, 그것을 어떻게 만드는지 설명하는 데 할애하십니다. 그러나 하나님의 디자인을 실제로 실행하는 것은 브살렐과 오홀리압 그리고 다른 이스라엘 예술가들의 손에 달려 있었습니다.

어떤 주석가들은 예술가들이 한 일은 그저 하나님이 주신 양식을 그대로 모방하는 것일 뿐이었다고 이야기합니다. 한 학자에 따르면 "그 예술가들이 만든 작품들은 이미 모세에게 아주 자세히 묘사되어 전달된 것들이다. 야훼께서 주신 계획들 안에 창조적 변주가 들어갈 공간은 없었다"라고 합니다. [#1]

하나님께서 모세에게 수많은 지침을 주신 것은 사실입니다. 그러나 여전히 많은 부분을 특정하지는 않으셨습니다(우리가 성막이 정확히 어떤 모습인지 모르는 이유이기도 합니다). 하나님께서는 '그룹들'(출 37:9)을 어떤 모습으로 묘사해야 하는지 말씀하지 않으셨고, 진설병 상의 테두

리를 어떻게 장식해야 하는지도 설명하지 않으셨습니다. 하나님은 대제사장의 의복을 어떤 무늬로 짜야 하는지 그 양식을 제공하지 않으셨고, 대제사장의 두건에 어떤 말을 새겨넣어야 하는지도 말씀하지 않으셨습니다. 이 모든 것은 예술가들의 '성화된 상상력'(sanctified imaginations)에 맡겨진 것입니다.

이 일들은 예술가들이 작품 의뢰를 받을 때 종종 일어납니다. 누구나 어떤 작품을 의뢰할 때 그 결과물이 어떠하리라는 생각이 있습니다. 하지만 그 작품 자체를 창작하는 자유는 예술가에게 있는 것입니다. 예를 들어, 건축가가 공공건물을 짓기 위한 입찰에 참여하려면 그 건축물의 위치나 넓이 등에 대한 요구 조건에 맞춰야 합니다. 그러나 그 건물이 결국 어떤 모습을 갖추게 될지를 결정하는 것은 건축가입니다.

성막을 향한 하나님의 계획은 훨씬 더 구체적이었습니다. 왜냐하면 이 성막은 하나님이 어떤 예배를 받기 원하시는지 말씀하실 수 있는 하나님을 위한 것이었기 때문입니다. 그러나 그 성막에서도 많은 것들이 예술가들에게 맡겨졌습니다. 예술가들은 하나님께 순종하는 울타리 안에서 그들의 상상력을 사용할 자유가 있었습니다.

세 가지 시각 예술

우리는 브살렐과 오홀리압이 세 종류의 주요 시각 예술 작품을 만들었다는 것에 주목해야 합니다. 그 세 가지는 상징적 예술, 재현적 예술, 비재현적 예술입니다. [#2]

상징적 예술이란, (그것이 구상적이든 추상적이든지) 영적인 실재를 나타내기 위해 물리적인 형태를 사용하는 것입니다. 예를 들어 언약궤는 대속을 상징하고, 금촛대는 하나님의 영광과 은혜의 빛을 상징합니다.

재현적 예술이란, 물리적 세상으로부터 인지할 수 있는 '대상'(object)을 묘사함으로써(구상 예술) 삶을 모방하는 것입니다. 성막에서 예를 들자면 대제사장의 예복에 석류를 수놓은 것입니다(출 39:24).

비재현적 예술 또는 추상 예술의 예는 성소 안에 있는

화려한 휘장의 순수 형태라든지, 아니면 성막을 구성하는 물리적 공간들의 형태라고 할 수 있습니다. 이 땅에 존재하는 하나님의 집으로서 성막은 영원한 가치를 나타내는 최고의 성전이었습니다. 그렇기 때문에 성막의 디자인과 장식은 상징적 예술, 재현적 예술, 그리고 비재현적 예술 모두에 대한 신적(神的) 지지를 보여주는 것입니다.

하나님은 모든 예술을 사랑하신다

우리는 성경이 음악에 대해 말할 때 비슷한 다양성을 발견합니다. 시편 기자가 "새 노래로 그를 노래하며 즐거운 소리로 아름답게 연주할지어다"(시 33:3)라고 할 때, 그는 노래하는 사람을 부르고('노래하며'), 작곡가들과('새 노래로') 연주자들과('아름답게 연주') 함께 청중을('즐거운 소리') 소집합니다.

악기에 집중해보면 시편 전체에 네 가지 주요 음악이 언급됩니다. 그것은 바로 현악, 목관, 금관, 타악기를 사용한 음악입니다. 시편의 표제 역시 다양한 음악적 선율이 있다는 것을 알려줍니다. 예를 들어, 시편 9편은 '뭇랍벤(아들의 죽음)에 맞춘 노래'이고, 시편 60편은 '수산에듯(언약의 백합화)에 맞춘 노래'입니다. 성경은 이렇듯 수많은 종류의 음악으로 가득합니다.

문학도 마찬가지입니다. 성경을 넘어서는 어떤 지지가 더 필요하겠습니까? 성경은 전 세계에서 가장 풍부한 이야기를 담고 있습니다. 시, 역사 설화, 사랑 이야기, 독백, 시편, 애가, 예언, 잠언, 비유, 서신, 묵시적 환상 등으로 가득 찬 문집이라고 할 수 있습니다.

어떤 그리스도인들은 특정 형태의 예술이 다른 어떤 예술보다 더 경건하다고 생각할 수도 있습니다. 그들은 거룩한 예술과 세속적 예술을 예리하게 구분합니다. 그러나 사실 소위 말하는 세속적 예술(세상 예술)이 하나님께서 만드신 이 세상을 탐구하는 것이며, 따라서 하나님의 인격과 그분의 일에 대한 우리의 이해를 심화시킨다는 사실을 인지하지 못하고 있습니다.

크리스천은 그 상징이 종교적일 때 상징적 예술을 소

중히 여깁니다. 재현적 예술 또한 그것이 하나님께서 만드신 이 세상을 모방하기 때문에 그 가치를 인정받습니다. 그런데 크리스천들이 종종 놓치는 분야는 추상 예술입니다. 특별히 현대 예술에서 표현된 것들에 관해 더욱 그렇습니다. 그러나 추상 예술도 여타의 예술과 마찬가지로 하나님의 축복을 받고 있습니다. 성막은 하나님께서 모든 종류의 예술과 모든 종류의 매체와 모든 종류의 형식을 사랑하신다는 것을 증명합니다. 이 모든 것이 그분의 성품의 완전성에 부합합니다.

종교개혁자 존 칼빈(John Calvin)은 말했습니다.

> 모든 예술은 하나님으로부터 왔고, 신적인 발명품으로 존중받아야 한다. [#3]

따라서 우리가 기독교인으로서 십자가나 그림 동화나 찬양대나 전도용 연극으로만 예술을 제한할 필요가 없습니다. 이런 단순한 형태의 예술도 교회 안에서 그 역할을 하겠지만, 하나님께서는 모든 예술이 예술적 잠

재력을 충만히 꽃피우기를 원하십니다. 우리 안에 있는
창조의 가능성을 발견하여 창조주에 대한 더 깊은 지식
에 이르기를 바라시는 것입니다.

4

선함과 진리와
아름다움

THE GOOD, THE TRUE,
and THE BEAUTIFUL

*ART for
GOD'S
SAKE*

하나님께서 예술에 자유를 부여하셨지만, 그렇다고 아무렇게나 해도 된다는 뜻은 아닙니다. 하나님께서는 예술에 대한 높은 기준을 가지고 계십니다. 출애굽기 31장 말씀에 따르면 "하나님은 선함과 진리와 아름다움에 대한 높은 기준을 갖고 계신다"라는 것이 예술에 대해 기독교 신학의 세 번째 원리가 되어야 합니다. 하나님의 미학적 기준은 선함과 진리와 아름다움을 포함합니다. 그리고 이 기준은 상대적이 아니라 절대적입니다. 따라서 예술에 대한 기독교적 관점은 절대적인 것이 없다고 하는 포스트모던의 주장과 대조를 이룹니다.

좋은 예술과 나쁜 예술

'선함'(Goodness)은 윤리적이면서 동시에 심미적인 기준입니다. 브살렐과 오홀리압은 십계명을 범하는 그 어떤 것도 만들 수 없었습니다. 특별히 거룩한 존재에 대한 우상화된 이미지나 잘못된 예배를 금하는 제2계명을 범할 수 없었습니다(출 20:4,5). 유사하게 기독교 예술가들에게는 부도덕하거나 종교적 예배의 대상이 되도록 디자인된 것들을 만드는 것이 허용되지 않습니다.

그러나 선함은 심미적인 범주에 속합니다. 이스라엘의 예술가들은 좋은 예술품을 만들고 특정한 분야에 탁월한 예술 작품을 만들도록 부르심을 받았습니다. 하나님은 제작 지침을 주시며 마지막으로 브살렐과 오홀리압에게 하나님이 명령하신 대로 만들라고 말씀하십니다(출 31:11).

이 구절의 앞부분을 훑어보면 하나님께서 그들에게 얼마나 구체적으로 지시하시는지를 볼 수 있습니다. 성막을 짓기 위해 하나님이 주신 조심스러운 지침들은 우리가 그분의 이름으로 무언가를 창작할 때 그분의 완전하심이 그 기준이 된다는 사실을 일깨워줍니다.

시각 예술뿐만 아니라 모든 분야의 예술에서 우리는 우리가 할 수 있는 최선을 다해야 합니다. 이 말은 성경이 어떤 형태의 예술이 필요로 하는 기술에 대한 구체적인 정보를 제공한다는 그런 뜻은 아닙니다. 오히려 예술적 선함의 기준은 피조 세계 그 자체로부터 나옵니다. 그 기준들은 모든 예술적 작품들의 물리적 재료 안에 보고 들을 수 있게 내재되어 있습니다.

작가 애니 딜러드(Annie Dillard)는 "예술가가 재료 그 자체를 어떻게 사용할 수 있을까?"라고 말했습니다.

그는 자신의 짧은 직감을 어떻게 빛나게 할 것인가? 그리고 그마저 사라졌을 때 내놓을 무엇이라도 있는가?[#1]

그래서 사진작가는 사진을 찍고 인화하는 기술뿐 아니라 빛과 그림자의 영역까지 배웁니다. 또한 보컬리스트는 공명과 조음(調音)과 소리를 만드는 다른 요소들을 실험하고 들으면서 노래하는 법을 배웁니다. 이러한 예술 형태와 다른 예술에서 탁월함을 나타내는 것은 그 예술 형태에 이미 내재된 것들입니다. 그렇기 때문에 그 탁월성은 일반계시의 일부분으로, 하나님으로부터 온 것입니다.

좋은 예술과 나쁜 예술의 차이는 일차적으로 성경에서 배우는 것이 아니라 하나님이 지으신 이 세상에서 배웁니다. 그런데 성경은 하나님께서 그 차이를 아시며 탁월함을 좋아하신다고 알려주고 있습니다.

예술의 진실성

하나님을 기쁘시게 하려면 예술은 선할 뿐만 아니라 진실해야 합니다. '진리'(Truth)는 예술의 중요한 기준 가운데 하나입니다. 예술은 진리의 현현(顯現)입니다. 예술은 사물의 본질을 꿰뚫어 있는 모습 그대로 묘사합니다. 성막이 그 좋은 예입니다.

성막은 하나님과 그분의 백성들이 진리로 소통하도록 디자인되었습니다. 따라서 성막 안에 들어가는 모든 예술적 기교들 또한 진실해야 했습니다. 자연에 대해서도 마찬가지여서 꽃이나 석류 등의 창조물을 표현할 때 하나님이 만드신 모습에 충실해야 하며, 하나님이 어떤 분이신지에 대해서도 참되어야 했습니다.

성막의 각 부분은 하나님에 대해 말하고 있습니다. 금궤는 그분의 보좌를 상징하고, 놋으로 만들어진 물두멍은 죄를 씻어주시는 그분의 능력을 나타냅니다. 다른 것들도 마찬가지입니다. 이러한 진리를 정확하게 전달하기 위해 성막은 진실해야 했고, 예술은 그 진리를 섬겼습니다.

예술은 진리를 다양한 방법으로 전달합니다. 어떤 경우에는 이야기를 담고 있으며 그 이야기는 인간의 경험을 진실하게 다룹니다. 인간의 상황을 그대로 보여준다고 할 수 있습니다. 때때로 예술은 명제의 형태로 말하기도 합니다. 이것은 특별히 말로 하는 문학 예술의 특징입니다. 예술은 또한 감정적이고 경험적인 진리를 전달하기도 하는데, 종종 음악처럼 언어를 사용하지 않고도 가능합니다. 그러나 예술이 무엇을 말하고 어떤 생각이나 감정을 전하든지, 어떤 방식으로든 유일하고 진실한 구원의 이야기(하나님의 창조, 인간의 죄, 그리스도를 통한 은혜의 승리)에 초점을 맞춰야만 진실할 수 있습니다.

종종 현대 예술과 포스트모던 예술이 인간 실존의 고

통과 부조리를 다룬다고 하지만, 그것은 일부일 뿐입니다. 인간에 대한 기독교인의 접근은 더 온전하고 소망이 있습니다. 크리스천 예술가들은 하나님께서 만드신 세상의 본질적 선함을 찬양하는데, 그것은 순진한 이상주의의 형태가 아니라 건강한 현실주의입니다. 동시에 크리스천 예술가들은 더러운 죄에 대해 탄식하며 타락한 낙원의 잃어버린 아름다움을 애통해합니다.

기독교 예술에 깃든 새로운 희망

진정한 기독교 예술이 타락한 인간의 고통을 묘사할 때 렘브란트(Rembrandt)의 그림처럼 비극적 감수성을 사용합니다. 그 예술 안에는 '우리가 누구인가'에 대한 것뿐만 아니라 하나님을 닮은 존재로 지어진 피조물인 '우리가 누구였는지'에 대한 감각 또한 존재합니다. 더 좋은 것은 '우리가 어떤 존재가 될 수 있는지'에 대한 감각이 있다는 것입니다.

기독교 예술은 대속적이고, 그것이 가장 고귀한 목적

입니다. 예술은 언제나 현실에 대한 해석이며 기독교인은 특별히 현실을 해석할 때 예수 그리스도의 삶과 죽음과 부활을 통해 세상에 들어온 희망을 다루어야 합니다.

크리스천 예술가는 무의미함과 절망에 굴복하기보다는 피할 길이 있다는 것을 압니다. 따라서 그들은 그리스도의 구원을 기대하며 새 하늘과 새 땅에 대한 갈망을 일깨우는 은혜의 이미지들을 창조합니다.

네덜란드의 미술사 비평가인 한스 로크마커(Hans Rookmaaker)는 이렇게 말했습니다.

죄와 불의로 가득한 이 세상에서 어떻게 살 것인가에 대한 매우 실질적인 문제의 해결책은 은혜에 대한 기독교의 가르침에 있다. 하나님의 법과 피조물을 향한 그분의 뜻이 드러나는 곳에는 모든 것이 사랑스럽고 선하고 옳고 진실하며 아무런 문제가 없다. 기독교인은 하나님이 만드신 모든 선한 것에 감사하고 그 안에서 적극적으로 즐길 것이다.

그러나 그것들이 죄로 망가졌거나 뒤틀린 곳에서 기독교인은 그들의 삶과 말과 행동과 창조성을 통해 하나님이 진정으로 의도하신 바를 보여주어야 한다. 하나님은 그리스도 안에서 새로운 피조물을 만드셨고, 인간을 향한 그분의 본래 의도에 부합하는 새로운 삶을 주셨다. 그는 새로운 삶으로 나아가도록 도우시는 성령님으로부터 하나님의 능력을 받았다. [#2]

아름다움을 사랑하시는 예술가

하나님을 영화롭게 하는 예술은 선하고 진실하고 최종적으로 아름답습니다. 오늘날 예술계는 추함의 미학을 극복하기 위해 고군분투하는 것처럼 보입니다. 아직도 아름다움이 예술 작품을 평가하는 기준이라면 말입니다. 아름다움은 한때 예술가들에게 가장 중요한 부분이었으나 지금은 그렇지 않습니다.

그러나 하나님께서는 '우주'라는 화랑에 걸려 있는 그분의 작품에서 볼 수 있는 것처럼 '아름다움'(Beauty)

에 대한 대단한 애호가이십니다. 형식은 그분에게 기능
만큼이나 중요합니다. 그래서 성막이 바르게 놓이는 것
만으로는 충분하지 않으며 아름다워야 했습니다. 성막
안에 있는 휘장의 색에, 보석들의 반짝거림에, 물건의 모
양에, 성막의 균형 잡힌 비율에 아름다움이 존재했습니
다. 성막은 아름다움 그 자체였습니다. 하나님께서는
그것을 위해 예술가들에게 성령의 은사를 선물로 주시
는 전례 없는 단계를 밟으셨습니다. 이 모든 것이 하나
님이 어떤 예술가이신지를 말해줍니다. 하나님은 아름
다움을 사랑하는 예술가이십니다.

아름다움과 진리는 서로 어울립니다. 영국의 시인 존
키츠(John Keats)는 그의 유명한 시 〈그리스 항아리에 부
치는 노래〉(Ode on a Grecian Urn)에서 "아름다움은 진
리이고 진리는 곧 아름다움이다. 이것이 당신이 알아야
할 전부이다"라고 말했습니다.

문자적으로, 키츠가 진리와 아름다움을 동일시한 것
(이것이 모든 지식의 총합이라는 주장을 펼치지 않은 채)은 과장이
라고 할 수 있습니다. 그렇지만 진리와 아름다움은 여

전히 서로 연결되어 있습니다. 현대나 포스트모던 예술이 가진 문제는 아름다움을 희생하면서 진리를 추구한다는 것입니다. 그 예술은 창조와 구속의 아름다움은 제쳐놓은 채 오직 추함과 소외된 현실의 진실만을 말합니다.

그런데 소위 기독교 예술이라고 불리는 영역에서는 정반대의 현상이 나타납니다. 기독교 예술이 죄에 대한 진실을 인정하지 않은 채 아름다움만 보여주려고 노력하다 보니 인간 타락의 비극적 결과가 거짓되고 부정직한 것이 되어버립니다. 타락의 영향을 받지 않은 이상적인 세상을 묘사하는 밝고 감상적인 풍경이나 행복한 그리스도인의 삶을 묘사하는 가볍고 경쾌한 멜로디를 생각해보십시오. 그런 세상은 상상하면 좋지만, 하나님께서 우리를 구원하시기 위해 그분의 아들을 보내신 그런 세상은 아닙니다.

진실하고 아름다우신 하나님의 은혜

그렇다면 어떤 예술이 성막처럼 하나님의 기준에 맞출 수 있습니까? 그것은 나쁘고 거짓되거나 추하지 않고 선함과 진실함과 아름다움이 체화된 예술입니다. 다시 말해 우리의 예술은 선하고 진실하고 아름다우신 하나님의 성품에 어울려야 합니다. 성경은 하나님이 선하시고 선을 행하신다고 말씀합니다(시 107:1, 119:68). 그분은 정직하고 참되시며(사 45:19 ; 살전 1:9), 존재적으로 아름다우신 분입니다(시 27:4). 그리고 이렇게 선하고 진실하고 아름다우신 하나님께서 기독교와 예술계 양쪽 모두에 성명서로 발표할 수 있는 언어로 우리에게 말씀하십니다.

끝으로 형제들아 무엇에든지 참되며 무엇에든지 경건하며 무엇에든지 옳으며 무엇에든지 정결하며 무엇에든지 사랑받을 만하며 무엇에든지 칭찬받을 만하며 무슨 덕이 있든지 무슨 기림이 있든지 이것들을 생각하라 **빌 4:8**

물론 이 말씀은 그리스도인의 삶 전체에 폭넓게 적용될 수 있지만, 기독교 예술과 예술인들에게도 윤리적이고 심미적인 기준을 제시해주고 있습니다. 그렇다고 해서 선함과 진실함, 특히 아름다움을 언제나 쉽게 규정할 수 있다는 뜻은 아닙니다. 또한 크리스천 예술가들은 결코 추한 것을 만들어내서는 안 된다는 것을 의미하지도 않습니다.

우리에게는 타락한 세상의 추함에 대해 말할 수 있는 진실이 있습니다. 오히려 기독교는 타락의 교리 안에서 세상이 망가진 것은 죄 때문이라는 최선의 설명을 할 수 있습니다. 기독교 변증가 프랜시스 쉐퍼(Francis A. Schaeffer)는 이것을 기독교 예술의 부차적인 주제라고 정의했으며, 그리스도 밖에 있는 인간성의 상실과 그리스도인의 삶에 존재하는 패배적이고 죄악으로 가득한 측면이라고 말했습니다.

그러나 우리는 언제나 지속되는 아름다움(우리가 누구였고, 또 누구이며, 그리스도 안에서 어떤 존재가 될 것인지)에 대한 진리에 이끌리게 될 것입니다. 프랜시스 쉐퍼는 "인생의 의미와 목적을 찾게 해주는 하나님의 은혜야말로 기독교 세계관의 주된 주제이다"[#3]라고 말했습니다. 죄로 물든 세상에서 기독교 예술가들은 그 아름다움을 진실하게 담은 작품들을 만들어냄으로써 구속(救贖)의 타당성을 제시합니다.

5

하나님의 영광을 위한 예술

ART for THE GLORY of GOD

ART for
GOD'S
SAKE

왜 예술이 필요한가?

예술에 대한 기독교 신학의 네 번째 원리는 "예술은 하나님의 영광을 위한 것이다"라는 것입니다. 예술가들은 때때로 예술 그 자체에 대해 이야기합니다. 예술은 어떤 효용성과 상관없이 그 자체로 고유한 가치가 있다는 말입니다. 합당한 소명에는 실질적인 기능이 있어야 한다고 가정했을 때, 우리에게 왜 예술이 필요한지 의문을 품는 이들을 위해 이 말을 해둘 필요가 있습니다.

그러나 하나님께서는 우리가 아름다움을 즐길 수 있도록 지으셨고, 예술은 우리의 영혼을 풍요롭게 합니다. 미국의 시인이자 사상가인 랄프 왈도 에머슨(Ralph Waldo Emerson)은 "아름다움은 그 자체로 존재에 대한 변명이다"[#1]라고 말했습니다. 물론 에머슨이 너무 나간 것은 사실입니다. 왜냐하면 아름다움 자체도 하나님을 섬기기 위한 것이어야 하기 때문입니다.

그러나 성막의 예술성을 예로 들면, 그것은 아름다움

그 자체로도 본질적 가치가 있음을 증명하고 있습니다. 성막의 각 부분(언약궤의 황금 장식 같은 것들)은 순전히 장식을 위한 것이었습니다. 성경학자들이 성막의 세세한 부분에서 영적 의미를 찾으려고 한 것은 사실 요점을 놓친 것입니다. 성막의 예술성은 그 표현이 충분하고 적절한 의미가 있다는 점에서 예술 자체를 위한 것입니다.

누구를 위한 예술인가?

문제는 예술이 너무 쉽게 우상숭배로 흐를 수 있고, 그렇게 되면 예술은 더는 고귀한 목적이 아니라 오직 예술 자체만을 위해 존재하는 것처럼 보일 수 있다는 점입니다. 혹은 아마도 예술은 하나님의 영광에 미치지 못하는 피조 세계 안에서 더 높은 목적을 위해 존재할 수 있을 것입니다(롬 1:25). 예술을 주고받는 일도 다른 사업처럼 타락할 수 있습니다.

그러므로 우리가 예술을 경험할 때 반드시 이 질문을 해야 합니다. "이 예술이 누구에게 영광을 돌리고 있는

가?" 어떤 예술가들은 그가 만든 예술 작품을 하나님께 헌정하기보다는 자신들의 영광을 위해 만듭니다. 그들의 작업은 그들 자신도 모르게 창조주의 찬사를 받을 수 있지만, 그들의 삶과 예술의 가장 큰 목적을 성취하는 데는 실패하는 것입니다.

앙리 마티스(Henri Matisse, 프랑스의 화가)가 베니스 로사리오 성당에 걸린 걸작품을 완성했을 때 한발 물러서서 이렇게 선포했다고 합니다.

"나는 나 자신을 위해 이 일을 했다."

한 수녀가 그 이야기를 듣고 즉시 반박했다.

"하지만 당신은 전에 이것을 하나님을 위해 하고 있다고 말했잖아요."

"맞아요."

마티스는 이렇게 대답했다.

"그렇지만 내가 하나님이에요."[#2]

앙리 마티스만이 신이라는 망상에 빠진 유일한 예술

가는 아니었습니다. 심지어 기독교 예술가들도 자신의 작품을 인정한다는 교만에 굴복할 수 있습니다. 거기에는 다 이유가 있습니다. 우리의 예배를 빼앗도록 위협하는 것은 삶에서 가장 좋은 것이며, 예술은 그것을 주신 분을 찬양하기를 종종 잊을 만큼 놀라운 선물이기 때문입니다.

예술이 우상숭배로 흐르는 경향에 대해 의심하는 사람이 있다면, 출애굽기 32장에서 모세가 성막에 대한 하나님의 명령을 받으러 산에 올라갔을 때 이스라엘 백성들이 신으로 섬길 금송아지를 만드느라 분주했던 아론의 이야기를 읽으면 됩니다. 이 추악한 에피소드는 예술을 자신들의 목적을 위해 추구했을 때 어떤 일이 일어나는지를 잘 보여줍니다. 그들은 결국 하나님이 아닌 예술 자체를 예배하게 됩니다.

예술의 우상화를 피하는 길

그렇다면 예술가들이 어떻게 하면 이런 실수를 피할 수

있을까요?

첫째, 그들의 예술적 재능이 하나님으로부터 온 선물이라는 사실을 인정해야 합니다. 작곡가 이고르 스트라빈스키(Igor Stravinsky)는 지혜롭게 말했습니다.

나는 내 예술적 재능에 대해 어떤 자부심도 가지고 있지 않다. 그것은 하나님께서 주신 것이기에 내가 우쭐할 이유가 전혀 없다. [#3]

둘째, 예술가는 자신을 고립시키는 어떠한 유혹도 거절하고, 오직 하나님만 예배하는 기독교 공동체에서 생활할 때 예술을 우상화하는 것을 피할 수 있습니다. 인생에 대한 하나님 중심의 지향점이 매일의 삶에서 제자도의 기초가 되고, 이 땅에서의 소명이 하나님이 주시는 더 높은 소명과 함께 진정한 의미를 찾게 됩니다.

셋째, 예술가는 자신이 만든 예술 작품을 하나님을 찬양하는 일에 돌림으로써 우상숭배를 피할 수 있습니다. 우리가 하나님을 위해 무언가를 만들 때 우리의 작업은 경쟁의 위협보다는 그분의 영광을 확실히 높일 수 있습니다.

그러므로 예술의 진정한 목적은 다른 어떤 존재의 목적과 동일합니다. 그 목적은 우리 자신을 위한 것이나 자신을 나타내기 위한 것이 아니라 다른 사람을 섬기고 하나님의 영광을 위한 것입니다. 결론적으로 예술은 우리의 사랑, 곧 하나님 사랑과 이웃 사랑의 표현입니다.

하나님께 영광을 돌리는 좋은 방법

하나님을 위한 예술, 이것이 성막에 대한 모든 것입니다. 이 신성한 건물의 모든 부분은 하나님의 영광을 찬양하기 위함이었습니다. 제단과 속죄소(은혜를 베푸는 자리)는 그분의 은혜를 증명합니다. 진설하는 상(전시하는 떡을 두는 상)은 그분의 섭리를 선포하고, 등잔대는 그분의 빛을 퍼뜨립니다. 그러나 상징적이지 않은 모든 소품 또한 다 하나님을 위한 것이었습니다. 성막이 왜 그렇게 좋은 재료와 정교한 장식들로 세심하게 지어졌는지 그 이유를 알 수 있는 부분입니다. 그 모든 것이 하나님의 영광을 위한 것이었기 때문입니다.

이는 우리가 창조하는 다른 모든 것에 대해서도 동일한 진리입니다. 모든 것은 하나님의 영광을 위한 것이어야 합니다. 어떤 의미에서 이것은 실제적으로 하나님께 영광을 돌리려는 사람이 만들었든 아니든, 좋은 예술에 대한 본질적인 사실입니다. 창조론은 하나님의 보편적인 은혜에 따라 예술적 은사는 필연적으로 그 은사를 주신 분에 대해 찬양을 선포할 수밖에 없다고 가르칩니다. 그렇기 때문에 기독교인 예술가와 마찬가지로 비기독교인 예술가들도 미덕과 아름다움과 진리를 드러낼 수 있는 것입니다.

니겔 굿윈(Nigel Goodwin)이 말한 것처럼 "지혜로우신 하나님은 기독교인에게만 그분의 모든 은사를 주시지 않았다"#4라는 것을 기억해야 합니다. 하나님께서는 명백히 그분을 높이기 위해 드러지지 않은 예술을 통해서도 영광을 받으실 수 있지만, 우리 예술의 목적이 그분의 영광일 때 진정으로 찬양을 받으십니다.

이 말은 모든 예술이 사람들이 그리스도를 믿도록 초청한다는 의미에서 꼭 복음적이어야 한다는 의미는 아닙니다. 다른 직업을 예로 들자면, 자동차를 만드는 그리스도인이 하나님께 영광을 돌리는 방법이 자기가 만든 자동차 보닛에 요한복음 3장 16절을 새기는 것은 아니라는 것입니다. 오히려 그는 좋은 자동차를 제작함으로써 하나님께 영광을 돌립니다.

예술가들도 자신들의 작품이 뚜렷한 복음적 메시지를 담고 있느냐 아니냐에 상관없이 좋은 예술 작품을 만드는 것이 하나님께 영광을 돌리는 길입니다. 조각가들은 조각품으로 하나님께 영광을 돌리고, 건축가들은 건축물로 하나님께 영광을 돌리는 것입니다. 다른 직업들도 마찬가지입니다. 왜냐하면 예술은 창조된 재료를 가지고 하는 것이기 때문에 예술가적 기교는 그 자체로 선하고 사랑스럽고 은혜로우신 창조주를 향한 예술가들의 헌신을 담아낼 수 있습니다.

이것을 달리 말하면, 예술은 단순히 전도의 도구로 사용되거나 설교에 사용되지 않으면서도 기독교적일 수 있다는 것입니다. 예술을 실용적인 관점에서만 바라보는 시각은 예술을 빈곤하게 만듭니다. 더 온전한 기독교 예술관은 모든 피조물이 언제나 창조자에 대해 뭔가를 드러내고 있음을 인식합니다.

믿음의 삶과 일치하는 예술

예술가들이 만들어내는 작품은 그들이 세상을 어떻게 바라보고 있는지를 말해줍니다. 따라서 기독교인의 예술은 그리스도를 믿는 믿음의 삶과 일치해야 합니다. 물론 언제나 완전히 일치할 수는 없습니다. 예술가들도 다른 이들처럼 그들의 타락한 본성과 씨름하면서 살아가기 때문입니다. 그럼에도 불구하고 프랜시스 쉐퍼(Francis A. Schaeffer)가 쓴 것처럼 "기독교 예술은 그리스도인으로 사는 삶의 전인격적 표현이어야 합니다. 그리스도인이 예술을 통해 묘사하는 것은 그의 삶 전체입니다."[#5]

요한 제바스티안 바흐(Johann Sebastian Bach)는 자신

이 작곡한 작품에 'sDg'라고 사인하는 것으로 유명한데, 그것은 라틴어로 "soli Deo gloria"(오직 하나님께만 영광)를 뜻합니다. 이 사인은 자신의 작품을 하나님께 올려드리고 싶어 하는 작곡가의 진정한 갈망을 보여주는 경건한 행동이라고 할 수 있습니다.

그러나 중요한 것은, 바흐가 그의 악보에 남긴 사인이 아니라 질서 정연한 아름다움이 담겨 있는 그의 음악이 하나님을 향한 그의 믿음을 증언한다는 것입니다. 같은 식으로 그리스도의 주권 아래 재능을 가진 모든 예술가는 하나님을 위한 예술을 창조할 것입니다.

6

아름다우신
구세주

BEAUTIFUL SAVIOR

ART for
GOD'S
SAKE

예술에 대한 기독교적 관점은 이렇게 요약할 수 있습니다. 예술가들은 하나님으로부터 부르심과 은사를 받았습니다. 하나님께서는 모든 종류의 예술을 사랑하시며 선함과 진리와 아름다움에 대한 높은 기준을 가지고 계십니다. 그리고 예술가들의 궁극적인 목표는 하나님께 영광을 돌리는 것입니다. 우리는 이 원리를 받아들입니다. 왜냐하면 이 원리가 성경적이고 하나님의 성품과 일치하기 때문입니다. 우리가 예술에 대해 믿는 바는 하나님을 믿는 것에 기초합니다. 하나님이 그런 분이시기 때문에 예술 또한 그렇습니다.

모든 존재와 아름다움의 원천

지금까지 우리는 각각의 원리들이 하나님의 신적 존재와 본성을 드러내는 것을 보았습니다.

하나님은 왜 사람들을 예술가로 부르셨을까요? 그것

은 하나님이 예술가이시고, 우리가 하나님의 형상을 따라 지음 받았기 때문입니다. 우리가 성경에서 처음 만나는 하나님은 무언가 계속 만드느라 바쁘시고, 그것을 보며 좋아하셨습니다. 그러니 그분 자신이 지으신 사람을 예술가로 부르시고 미적 기준을 지키게 하신 것은 너무나 자연스러운 일입니다.

왜 하나님은 모든 종류의 예술을 사랑하실까요? 그분은 완전하고 한계가 없으시며 은하계부터 휘파람새까지 다채로운 아름다움으로 온 우주를 만드셨습니다. 이 세상에서 그런 하나님을 섬기려면 예술이 풍성하게 흘러넘쳐야 합니다. 그리고 그 예술은 객관적인 '선함과 진리와 아름다움'(眞善美)의 기준에 따라 평가되어야 합니다. 선함과 진리와 아름다움이야말로 하나님의 기준이며, 그분의 본질적인 속성이기 때문입니다. 하나님은 우리가 그분의 영원하신 아들의 광채에서 보는 것처럼 선하고 진실하고 아름다우신 분입니다. 위대한 미국의 신학자 조나단 에드워즈(Jonathan Edwards)는 이렇게 말했습니다.

모든 피조 세계를 통해 발견되는 아름다움은 무한한 밝음과 영광으로 충만하신 존재가 확산된 빛줄기이다. 하나님 그분이 모든 존재와 아름다움의 원천이자 기초이시다. [#1]

하나님께서 무한히 아름다우시므로 우리의 모든 예술은 마땅히 그분의 영광을 위해 드려야 합니다. 그분으로부터 온 것이기에 그분께 찬양으로 돌려드려야 합니다.

하나님의 걸작품에 숨겨진 비밀

만일 하나님이 예술에 대한 열정이 대단하시다면, 우리는 마땅히 그분의 구원 계획에도 예술성을 나타내시리라 기대해야 합니다. 그러나 여기서 우리는 충격적인 현실을 맞이하게 됩니다. 하나님의 구원을 위한 걸작품, 그 중심에 끔찍한 추함과 낮아짐의 사건이 있었다는 것입니다.

이 걸작품은 예수님이 우리의 죄 때문에 달려 돌아가신 '십자가'였고, 그 십자가(The Crucifixion)에는 어떤 아름다운 것도 없었습니다. 십자가에 달린 것은 그저 흉하게 뒤틀리고 피 흘리는 고통의 몸이었습니다.

이사야 선지자는 이렇게 예언했습니다.

그는 주 앞에서 자라나기를 연한 순 같고 마른 땅에서 나온 뿌리 같아서 고운 모양도 없고 풍채도 없은즉 우리가 보기에 흠모할 만한 아름다운 것이 없도다 그는 멸시를 받아 사람들에게 버림받았으며 간고를 많이 겪었으며 질고를 아는 자라 마치 사람들이 그에게서 얼굴을 가리는 것같이 멸시를 당하였고 우리도 그를 귀히 여기지 아니하였도다 그는 실로 우리의 질고를 지고 우리의 슬픔을 당하였거늘 우리는 생각하기를 그는 징벌을 받아 하나님께 맞으며 고난을 당한다 하였노라 **사 53:2-4**

하나님께서는 우리의 구세주로 자신의 아들을 보내셨습니다. 다 그분의 계획이었습니다. 그러나 하나님이 아들을 보내셔서 하신 일은 참으로 기이했습니다. 이것을 어떻게 설명할 수 있을까요?

왜 모든 영광과 모든 아름다움의 하나님께서 추한 일을 행하시고, 우리의 구원을 위해 그것을 보게 하신 것일까요? 십자가는 그분의 거룩한 미적 감성에 대항해 비명을 지르고 있습니다.

하나님께서 이렇게 하신 이유는 그것이 우리를 구원하실 수 있는 유일한 방법이었기 때문입니다. 죄가 이 세상 가운데 추함과 죽음을 가져왔습니다. 그분의 잃어버린 피조 세계를 구원하시기 위해 하나님께서는 자신의 아들을 부조리와 소외의 한복판으로 보내셨습니다. 그곳에서 예수님은 우리의 죄를 대신 짊어지고 의의 값을 치르기 위해 돌아가셨습니다. 그것은 사람들의 발길을 돌리게 만드는 추악한 죽음이었습니다. 하나님조차 예수님이 짊어지신 죄를 참을 수 없으셨습니다. 우리는 그 사실을 십자가에 드리운 어둠과 예수님의 울부짖음을 통해 알 수 있습니다.

제육시로부터 온 땅에 어둠이 임하여 제구시까지 계속되더니 제구시쯤에 예수께서 크게 소리 질러 이르시되 엘리 엘리 라마 사박다니 하시니 이는 곧 나의 하나님, 나의 하나님, 어찌하여 나를 버리셨나이까 하는 뜻이라 **마 27:45,46**

추함을 아름다움으로 바꾸는 예술의 기적

그러나 이것이 이 이야기의 끝은 아닙니다. 하나님께서는 자신의 아들이 그냥 죽도록 내버려두지 않으셨습니다. 그러기에 그분은 너무나 좋은 예술가였습니다. 그분의 계획은 추함을 아름다움으로 바꾸는 것이었습니다. 하나님은 먼저 아들의 몸을 그렇게 하셨습니다. 하나님은 예수님을 죽은 자들로부터 일으키셔서 상상 이상의 아름답고 영광스러운 부활의 몸을 주셨습니다. 그 몸에는 십자가의 흔적이 남아 있었습니다. 예수님은 제자들에게 손과 옆구리를 만져보게 하셨습니다(요 20:27). 하지만 그 추한 상처들은 영광으로 변화했습니다.

작사가 매튜 브리지스(Matthew Bridges)는 찬송가 〈면

류관 벗어서)에서 이것을 잘 묘사하고 있습니다.

그 손과 몸의 상처가 영광 중 빛나네.

예수님의 몸은 그분께서 죄를 견디신 고통을 떠오르게 할 것입니다. 그러나 지금은 영광스러운 아름다움으로 변모되어 영원한 찬양으로 예배받으실 것입니다.

하나님께서는 예수 그리스도를 믿는 모든 이에게 동일한 일을 행하실 것입니다. 우리가 우리 죄의 추악함으로 낙심할 때마다 우리는 이 일이 여전히 진행 중이라는 사실을 기억해야만 합니다. 성경은 말씀합니다.

우리는 그가 만드신 바라(영어 'workmanship' 또는 'craftsmanship'은 그리스어 'poema'로 예술 작품에 사용되는 용어) 그리스도 예수 안에서 선한 일을 위하여 지으심을 받은 자니 이 일은 하나님이 전에 예비하사 우리로 그 가운데서 행하게 하려 하심이니라

엡 2:10

우리의 구원은 '구속적 미학'(redemptive aesthetic)에 따라 연출됩니다. 그분의 은혜로 어느 날 최고의 예술가가 인간의 타락으로 말미암아 흉악해진 모든 것을 취할 것이고, 우리를 영원히 기뻐할 아름다운 사람으로 변모시킬 것입니다.

구세주 예수님께 바치는 예술

어떤 종류의 예술이 이런 하나님께 합당한 예술일까요? '좋은 예술'(good art)은 하나님의 선하심을 반영하는 피조물의 가능성 안에서 행해지는 예술입니다. '진실한 예술'(true art)은 죄와 타락한 세상이 겪는 고난의 비극에 대해 민감하게 반응해 진리를 말해주는 예술입니다. '아름다운 예술'(beautiful art)은 우리의 구원의 희망이 구현되고, 절망을 인간 존재에 대한 궁극적 관점으로 받아들이지 않는 예술입니다. 그리고 '영광스러운 예술'(glorious art)은 예수 그리스도의 인격 안에서 하나님의 영광이 임하는 것을 기대하는 예술입니다.

프랜시스 쉐퍼(Francis A. Schaeffer)는 그의 놀라운 책 《예술과 성경》(Art and the Bible)에서 스위스 뇌샤텔의 한 박물관에 전시된 폴 로버트(Paul Robert)의 벽화를 이렇게 묘사합니다.

그는 이 벽화의 배경으로 뇌샤텔의 호수와 벽화가 있는 미술관까지 그렸다. 아래쪽 앞부분에는 심각한 부상을 입은 거대한 용이 자리하고 있다. 용 아래에는 비도덕적이고 추악한(외설적이고 반항적인) 것들이 보인다. 맨 위에는 하나님의 거대한 군대와 함께 내려오시는 예수님이 보인다. 그 왼편에는 아름다운 사다리가 있고, 아름다운 남자와 여자들이 건축, 음악 등 다양한 예술적 상징물을 사다리 위로 운반하고 있다. 그들이 용에서 멀어지고 그것들을 그리스도께 드리기 위해 위쪽으로 움직일 때, 그리스도께서는 그것들을 받기 위해 내려오신다. #2

폴 로버트가 그린 벽화는 아름다움의 승리와 예술의

대속을 표현합니다. 프랜시스 쉐퍼는 미래에 일어날 현실에 대한 소망이 오늘을 빚어내야 한다고 말합니다.

만일 이런 예술들이 하나님을 찬양하는 곳까지, 다시 오실 그리스도의 주 되심에 이를 수 있다면 우리는 바로 지금 그 예술을 하나님께 올려드려야 합니다.[3]

정말 그래야 합니다. 그리스도인으로서 우리는 예술을 되찾는 길을 이끌어야 하고, 그 예술들의 진정한 목적을 회복시켜야만 합니다. 우리는 타락하고 망가진 세상에서 살고 있습니다. 하지만 그 모든 추악함에도 불구하고 이 세상은 하나님에 의해 만들어졌고, 그분의 은혜로 구원받게 될 것입니다. 그러므로 우리는 예술을 만들어낼 수 있는 우리의 능력을 하나님의 영광을 위해, 그리고 그분의 아들이자 우리의 아름다우신 구세주 예수 그리스도를 위해 바쳐야 합니다.

| 더 읽어보기 |

Bustard, Ned, ed. *It Was Good-Making Art to the Glory of God*. Baltimore: Square Halo Books, 2000.

Carson, D. A., and John D. Woodbridge, eds. *God and Culture: Essays in Honor of Carl F. H. Henry*. Grand Rapids: Eerdmans, 1993.

Edgar, William. *Taking Note of Music*. London: SPCK, 1986.

Gaebelein, Frank E. *The Christian, the Arts, and Truth: Regaining the Vision of Greatness*. Edited by D. Bruce Lockerbie. A Critical Concern Book. Portland, OR: Multnomah, 1985.

Kuyper, Abraham. *Calvinism: Six Stone Foundation Lectures*. Grand Rapids: Eerdmans, 1943.

C. S. 루이스, 《오독 : 문학비평의 실험》(An Experiment in Criticism, 홍성사)

한스 로크마커, 《현대 예술과 문화의 죽음》(Modern Art and the Death of a Culture, IVP)

Ryken, Leland. *The Liberated Imagination: Thinking Christianly about the Arts.* The Wheaton Literary Series. Wheaton, IL: Harold Shaw, 1989.

Ryken, Leland, ed. *The Christian Imagination: Essays on Literature and the Arts.* Grand Rapids: Baker, 1981.

도로시 세이어즈, 《창조자의 정신》(*The Mind of the Maker,* IVP)

프란시스 쉐퍼, 《예술과 성경》(Art and the Bible, 생명의말씀사)

Seerveld, Calvin. Rainbows for the Fallen World: Aesthetic Life and Artistic Task. Toronto, ON: Toronto Tuppence Press, 1980.

Veith, Gene Edward. *State of the Arts: From Bezalel to Mapplethorpe.* Turning Point Christian Worldview Series. Wheaton, IL: Crossway, 1991.

| 미주 Notes |

프롤로그

1 See Makoto Fujimura, *Images of Grace* (New York: Dillon Gallery Press, 1997). For more information about Fujimura and his work with the International Arts Movement, go to www.iamny.org.

2 Emily Cottrill, quoted by Lucas McFadden in "Freedom of Expression? The Plight of Wheaton Artists," *The Record* (September 27, 2002): 6-7.

1장

1 Stuart McAllister, "What Is Good and Who Says?" as quoted by Ned Bustard, "God Is Good Like No Other," in *It Was Good-Making Art to the Glory of God* (Baltimore: Square Halo Books, 2000), 13-14.

2 Witness the vulgar creations of Martin Creed, Tracey Emin, Grayson Perry, and others; see Gene Edward Veith, "Stealing Beauty," World (March 20, 2004): 32-41.

2장

1 While accepting full responsibility for all the inadequacies that remain, the writer wishes to thank Craig and Margaret Claudin, Bill Edgar, Mako Fujimura, Sam Hsu, Paul Jones, Sheryl Woods Olson, and Leland Ryken for making substantial improvements to this essay.

2 This insight comes from Frank E. Gaebelein, *The Christian, the Arts, and Truth : Regaining the Vision of Greatness*, ed. D. Bruce Lockerbie, A Critical Concern Book (Portland, OR: Multnomah, 1985), 64.

3 R. Alan Cole, Exodus : *An Introduction and Commentary*, Tyndale Old Testament Commentaries (Leicester, UK: Inter-Varsity, 1973), 210.

4 John I. Durham, *Exodus*, Word Biblical Commentary(Waco, TX: Word, 1987), 410.

5 Gene Edward Veith, "Stealing Beauty," *World* (March 20, 2004): 37.

6 같은 책

7 Dorothy L. Sayers, *The Mind of the Maker* (1941; repr. Cleveland: World, 1956), 34. 《창조자의 정신》(IVP)

8 Abraham Kuyper, *Calvinism: Six Stone Foundation Lectures* (Grand Rapids: Eerdmans, 1943), 142.

3장

1 John I. Durham, *Exodus*, Word Biblical Commentary (Waco, TX: Word, 1987), 410.

2 Leland Ryken, The Liberated Imagination: *Thinking Christianly about the Arts*, The Wheaton Literary Series (Wheaton, IL: Harold Shaw, 1989), 54-57.

3 John Calvin, quoted in Abraham Kuyper, *Calvinism: Six Stone Foundation Lectures* (Grand Rapids: Eerdmans, 1943), 153.

4장

1 Annie Dillard, *Holy the Firm* (New York: Harper & Row, 1984), 72.

2 H. R. Rookmaaker, *Modern Art and the Death of a Culture* (Wheaton, IL: Crossway, 1994), 38.《현대 예술과 문화의 죽음》(IVP)

3 Francis A. Schaeffer, *Art and the Bible* (Downers Grove, IL: InterVarsity, 1973), 56-59.《예술과 성경》(생명의말씀사)

5장

1 Ralph Waldo Emerson, "The Rhodora," quoted in Leland Ryken, *The Liberated Imagination: Thinking Christianly about the Arts,* The Wheaton Literary Series (Wheaton, IL: HaroldShaw, 1989), 85.

2 Henri Matisse, quoted in George Steiner, *Real Presences* (Chicago: University of Chicago, 1991), 209.

3 Igor Stravinsky, quoted in Vera Stravinsky and Robert Craft, "Stravinsky's Early Years," *Ovation 1* (May 1980): 20.

4 Nigel Goodwin, as quoted by Makoto Fujimura, "That Final Dance," in Ned Bustard, ed., *It Was Good-Making Art to the Glory of God* (Baltimore: Square Halo Books, 2000), 58.

5 Francis A. Schaeffer, *Art and the Bible* (Downers Grove, IL: InterVarsity, 1973), 96.

6장

1 Jonathan Edwards, *The Nature of True Virtue*, quoted in Leland Ryken, *The Liberated Imagination*, The Wheat on Literary Series (Wheaton, IL: Harold Shaw, 1989), 70. 《참된 미덕의 본질》(부흥과개혁사)

2 Francis A. Schaeffer, *Art and the Bible* (Downers Grove, IL: InterVarsity, 1973), 30. 《예술과 성경》(생명의말씀사)

3 같은 책 31쪽

하나님을 위한 예술

초판 1쇄 발행　2021년 5월 21일

지은이　필립 그레이엄 라이큰
옮긴이　곽수광

펴낸이　여진구
책임편집　안수경 김도연 최은정
편집　이영주 정선경 최현수 김아진 정아혜
책임디자인　조아라 마영애 | 노지현 조은혜
기획 · 홍보　김영하　　　　　　　　　**해외저작권**　기은혜
마케팅　김상순 강성민 허병용　　　　**마케팅지원**　최영배 정나영
제작　조영석 정도봉　　　　　　　　**경영지원**　김혜경 김경희

303비전성경암송학교 유니게과정　박정숙 최정식
이슬비전도학교 / 303비전성경암송학교 / 303비전꿈나무장학회　여운학

펴낸곳　규장

주소　06770 서울시 서초구 매헌로 16길 20(양재2동) 규장선교센터
전화　02)578-0003　　**팩스**　02)578-7332
이메일 kyujang0691@gmail.com　　　**홈페이지** www.kyujang.com
페이스북 facebook.com/kyujangbook　　**인스타그램** instagram.com/kyujang_com
카카오스토리 story.kakao.com/kyujangbook
등록일 1978.8.14. 제1-22

책값　뒤표지에 있습니다.
ISBN　979-11-6504-218-9 03230

규 | 장 | 수 | 칙

1. 기도로 기획하고 기도로 제작한다.
2. 오직 그리스도의 성품을 사모하는 독자가 원하고 필요로 하는 책만을 출판한다.
3. 한 활자 한 문장에 온 정성을 쏟는다.
4. 성실과 정확을 생명으로 삼고 일한다.
5. 긍정적이며 적극적인 신앙과 신행일치에의 안내자의 사명을 다한다.
6. 충고와 조언을 항상 감사로 경청한다.
7. 지상목표는 문서선교에 있다.

하나님을 사랑하는 자 곧 그의 뜻대로 부르심을 입은 자들에게는 모든 것이 合力하여 善을 이루느니라(롬 8:28)

규장은 문서를 통해 복음전파와 신앙교육에 주력하는 국제적 출판사들의 협의체인 복음주의출판협회(E.C.P.A:Evangelical Christian Publishers Association)의 출판정신에 동참하는 회원(Associate Member)입니다.